CATALOGUE

DES

Tableaux Modernes

AQUARELLES, PASTELS, DESSINS

par

*Alfassa, Brun, Chaplin, Duez, Français, Frère (Th.)
Girardet (Karl), Goethals
Guillaume, Huart, Jacque (Charles) Kaemmerer, Lambert, Lami
Langlois, Lemmens, Linder, Lynch (A.), Machard
Mancini, Marie (Adrien), Monginot
Montenard, Morisset, Richard, Regnier, Stein, Tauzin*

GRAVURES

MOBILIER

Bronzes, Marbre

Terres cuites, Porcelaines, Faïences, etc.

DÉPENDANT DE LA SUCCESSION DE M. H...

et dont la vente après décès aura lieu

HOTEL DROUOT — SALLE N° 2

Les Mercredi 7 et Jeudi 8 Décembre 1904

A 2 HEURES

Mᵉ LAIR DUBREUIL	**M. G. SORTAIS**
COMMISSAIRE-PRISEUR	PEINTRE-EXPERT
6, Rue de Hanovre, 6	*4, Rue Mogador, 4*

EXPOSITION PUBLIQUE

Le Mardi 6 Décembre 1904, de 2 heures à 6 heures

CONDITIONS DE LA VENTE

La vente sera faite au comptant.

. Les adjudicataires payeront *dix pour cent* en sus des enchères.

L'exposition permettant au public de se rendre compte de l'état et de la nature des objets, il ne sera admis aucune réclamation une fois l'adjudication prononcée.

Les Tableaux, Aquarelles et Dessins sont vendus sans aucun droit de reproduction.

Paris. — Imp. C. Chaufour, 8-10, Rue Milton

1904. Décembre 7

Vente après décès de M. H...

HOTEL DROUOT, SALLE N° 2

Les Mercredi 7 et Jeudi 8 Décembre 1904

A 2 HEURES

TABLEAUX MODERNES

Aquarelles - Pastels - Dessins

GRAVURES

MOBILIER

TENTURES — TAPIS D'ORIENT

EXPOSITION PUBLIQUE

Le Mardi 6 Décembre 1904, de 2 heures à 6 heures

Mᵉ **LAIR DUBREUIL**, Commissaire-Priseur

M. **G. SORTAIS**, Peintre-Expert

PARIS. — IMPRIMERIE C. CHAUFOUR

8-10, Rue Milton, 8-10

DÉSIGNATION

TABLEAUX

Aquarelles, Pastels, Dessins, Gravures

ALFASSA (M.)

1 — Scène d'intérieur.

Signé à droite.

BRUN (A.)

2 — Le Pont des Saints-Pères.

CHAPLIN (Ch.)

3 — Rêverie.

Aquarelle.
Signée en bas à gauche.

4 — Morphée.

Aquarelle, signée à droite.

DUEZ

5 — Sur la plage.

Aquarelle.

6 — Tête de jeune pêcheur.

Signé en bas à droite.

ECOLE MODERNE

7 — Vue de Suisse.

FRANÇAIS (Louis)

8 — Le Bas-Meudon.

FRÈRE (Th.)

9 — Caravane au bord du Nil.

GIRARDET (Karl.)

10 — Bouquet d'arbres au bord de l'eau.

11 — Paysan au bord d'une rivière.

GOETHALS

12 — Bûcherons sous bois.

Signé et daté à gauche.

GUILLAUME (Albert)

13 — Ménage d'artiste.

Aquarelle, signée à droite.

14 — En route pour le petit trou pas cher.

Aquarelle.

15 — Les Mariés à l'Eglise.

Aquarelle.

HOUETTE (D'après Guillaume)

16 — L'Ordre règne à Rambouillet.

Aquarelle.

HUART (Charles)

17 — Tête de marinier.

JACQUE (Charles)

18 — Troupeau de moutons gardé par un pâtre et sa compagne.

Sépia, signée à gauche.

JACQUE (D'après Charles)

19 — Eau forte avec remarque avant la lettre.

Par Lucien Gauthier.

JAZERSKI

2 — Vierges folles.

Gravure d'après Boтт.
Epreuve avant la lettre.

KAEMMERER

21 — Le traineau renversé.

Signé à gauche.

LAMBERT (Eugène)

22 — Une chatte et ses petits.

LAMI

23 — La femme masquée.

LANGLOIS (Paul)

24 — Coin de parc.

Aquarelle.

LAVIDIÈRE

25 — Une dinde plumée.

LEMMENS

26 — Canards sous la feuillée.

LINDER (G.)

27 — La paresseuse.

Signé à droite.

LYNCH (Albert)

28 — Pêcheur et pêcheuse de crevettes.

MACHARD (Jules)

29 — Baigneuse.

Pastel.

MANCINI

30 — Enfant de cœur la main sur la poitrine.

MARIE (Adrien)

31 — Plantes exotiques.

Aquarelle.

32 — La chorale dans la cathédrale de Florence.

33 — Déjeuner d'amis.

Aquarelle signée à gauche.

34 — Bébé s'endort.

Aquarelle.

MONGINOT

35 — Jeunes chats jouant.

Signé au bas à gauche.

MONTENARD

36 — La musique.

Panneau décoratif.

37 — Paysage.

Terrain découvert.

38 — Les grands chênes.

39 — Au bord de la Méditerranée.

Signé au bas.

MORISSET (F.-H.)

40 — Le graveur.

Dessin rehaussé.

41 — La fête de Neuilly, le soir.

Signé et daté en bas à gauche.

PENNE (O. de)

42 — Chasse au canard dans un étang près d'un château.

Aquarelle en forme d'éventail.

RICHARD

43 — L'as de cœur.

REGNIER (A.-L.)

44 — Faisan et chaudron sur un entablement de pierre.

45 — Pensées dans une bourriche.

Aquarelle.

STEIN (Georges)

46 — L'arc de triomphe.

TAUZIN

47 — Intérieur Louis XIV, château de Versailles.

Aquarelle signée à gauche.

48 — Allée de propriété ombragée.

49 — Vue de Paris prise de la terrasse de Meudon.

Signé au bas.

50 — Bois de Meudon.

Signé à gauche.

51 — L'église du village.

MOBILIER

Bronzes d'art et d'ameublement

Statuette en bronze « David », de Mercié.

Paire de candélabres en bronze et bronze doré. Ier Empire.

Cartel en bronze de style Louis XVI.

Pendule en marbre et bronze à figure de Bélisaire. Commencement du xixe siècle.

Lustre, appliques et girandoles garnis de cristaux.

Lustre en fer.

Garnitures de foyer.

Suspension de salle à manger.

Porcelaines, Faïences

Paire de grandes lampes en porcelaine de Chine montées en bronze doré.

Paire de vases en grès cérame supportant des bouquets à sept lumières.

Paire de vases en faïence à reflets, de Clément Massier.

Paire de vases en porcelaine de Paris montés en candélabres.

Paire de lampes en faïence flambée.

Plats en faïence décorée.

Cache-pots, jardinières en céramique.

Marbre, Terres cuites

Buste de femme en marbre blanc, par Faure de Brousse.
Buste de l'Eté, terre cuite, par Carrier, etc.

Meubles

Beau meuble de salon en bois doré garni en tapisserie à décor de fleurs sur contrefonds jaune composé de : un canapé, quatre fauteuils, quatre chaises et deux coussins.

Pendule avec son socle applique en marqueterie de cuivre.

Consoles en bois doré.

Meuble d'appui en marqueterie de cuivre.

Bibliothèque en bois noir.

Meuble en chêne avec coffre-fort à l'intérieur.

Salle à manger en acajou.

Meuble de salon en velours frappé.

Chaises légères en bois doré garnies en soie.

Vitraux, meubles courants, etc.

Tentures, Tapis d'Orient

Trois décors de fenêtres en tapisserie à fleurs sur fond jaune.

Carpettes d'Orient.

www.ingramcontent.com/pod-product-compliance
Lightning Source LLC
LaVergne TN
LVHW010905180726
843502LV00010B/3978